まちごとチャイナ

Jiangsu 010 Zijinshan

南京紫金山と下関
「国父」眠る旧都で

Asia City Guide Production

【白地図】南京

CHINA
江蘇省

南京

Zijinshan 白地図

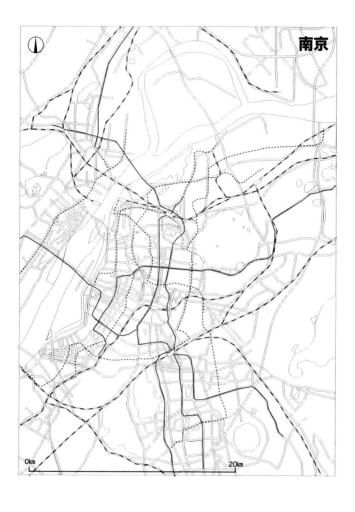

【白地図】紫金山

CHINA
江蘇省

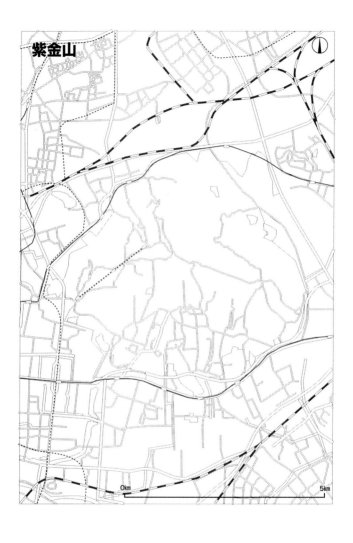

Zijinshan 白地図

【白地図】中山陵

CHINA
江蘇省

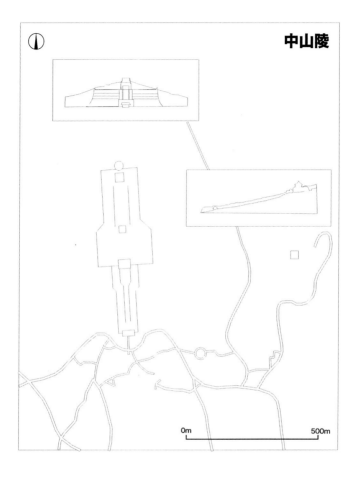

【白地図】明孝陵

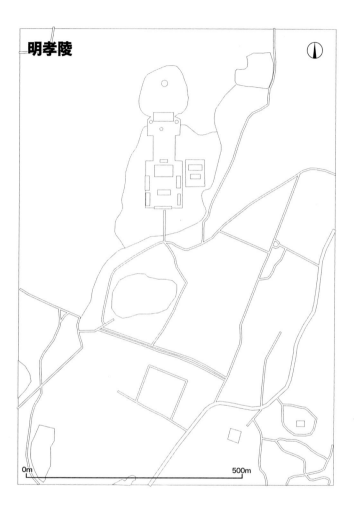

【白地図】太平門外

CHINA
江蘇省

太平門外

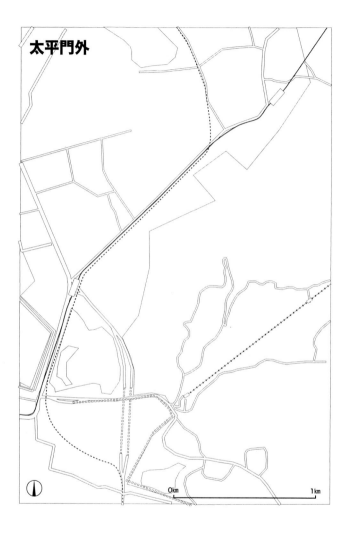

【白地図】南京市街

CHINA
江蘇省

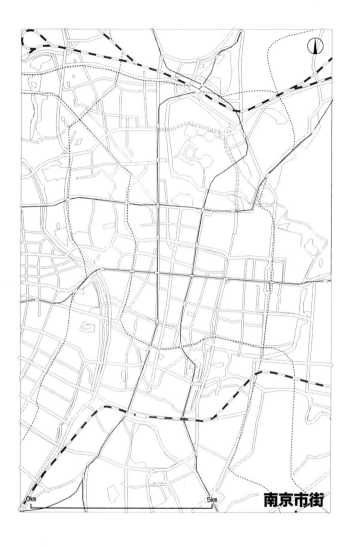

Zijinshan 白地図 南京市街

【白地図】明故宮

CHINA
江蘇省

【白地図】玄武湖

江蘇省

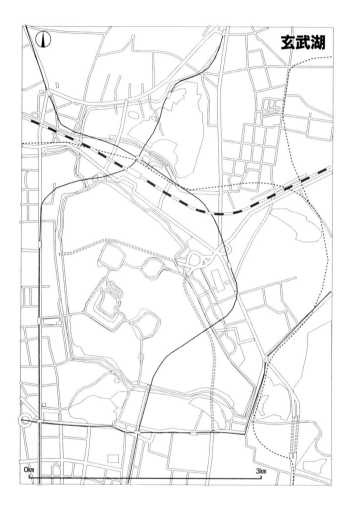

玄武湖 Zijinshan 白地図

【白地図】中山北路

CHINA
江蘇省

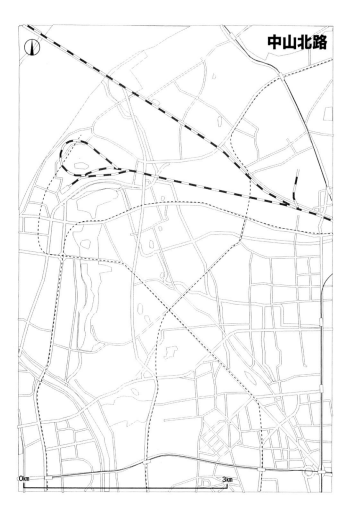

【白地図】山西路

CHINA
江蘇省

山西路

Zijinshan

白地図

【白地図】獅子山

CHINA
江蘇省

Zijinshan | 白地図

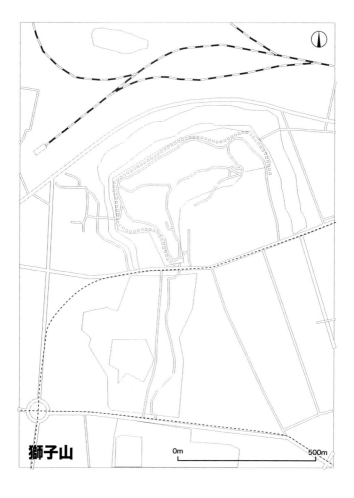

獅子山

【白地図】下関

CHINA
江蘇省

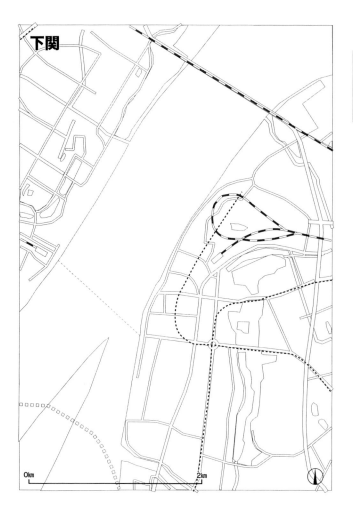

Zijinshan 白地図

CHINA
江蘇省

【まちごとチャイナ】
江蘇省 001 はじめての江蘇省
江蘇省 002 はじめての蘇州
江蘇省 003 蘇州旧城
江蘇省 004 蘇州郊外と開発区
江蘇省 005 無錫
江蘇省 006 揚州
江蘇省 007 鎮江
江蘇省 008 はじめての南京
江蘇省 009 南京旧城
江蘇省 010 南京紫金山と下関
江蘇省 011 雨花台と南京郊外・開発区
江蘇省 012 徐州

　大きく弧を描きながら長江は流れ、玄武湖や紫金山といった豊かな自然が南京市街に隣接する。とくに紫金山は、中国の「国父」孫文、明の洪武帝（朱元璋）の陵墓も位置する南京屈指の景勝地となっている。

　また近代中国の幕を開けたアヘン戦争は、南京で終結し、1842年、長江に停泊するコーンウォリス号で南京条約が結ばれた。以来、南京旧城儀鳳門外の下関に外国の領事館や商社、銀行がならび、街の近代化がはじまった。

　この下関から市街中心部を通って紫金山にいたる中山路は、

南京紫金山と下関
紫金山 Zǐ jīn shān
ズゥジンシャン

Zi Jin Shan

　孫文の遺体を運ぶために敷かれたもので、現在の南京市街の構造は南京国民政府時代(1927〜37年)につくられた。1968年、古来より交通の障壁となっていた長江に南京長江大橋がかけられ、現在では北京と上海間の鉄道が往来している。

【まちごとチャイナ】

江蘇省 010 南京紫金山と下関

目次

南京紫金山と下関 ……………………………………… xxvi

自然に抱かれた民国首都 ……………………………… xxxii

中山陵鑑賞案内 ………………………………………… xli

明孝陵鑑賞案内 ………………………………………… xlix

紫金山鑑賞案内 ………………………………………… lvii

首都南京と近現代の歩み ……………………………… lxxiii

明故宮城市案内 ………………………………………… lxxx

玄武湖城市案内 ………………………………………… xcvi

中山北路城市案内 ……………………………………… cv

下関城市案内 …………………………………………… cxvii

南京長江と往来する人々 ……………………………… cxxxvi

【MEMO】

【地図】南京

【地図】南京の [★★★]
- ☐ 中山陵 中山陵 チョンシャンリン
- ☐ 明孝陵 明孝陵 ミンシャオリン

【地図】南京の [★★☆]
- ☐ 紫金山 紫金山 ズゥジンシャン
- ☐ 玄武湖 玄武湖 シュゥアンウウフウ
- ☐ 南京長江大橋 南京长江大桥 ナンジンチャンジィアンダアチィアオ
- ☐ 長江 长江 チャンジィアン

【地図】南京の [★☆☆]
- ☐ 南京駅 南京站 ナンジンチャァン
- ☐ 下関 下关 シィアグゥアン
- ☐ 南京港 南京港 ナンジンガァン

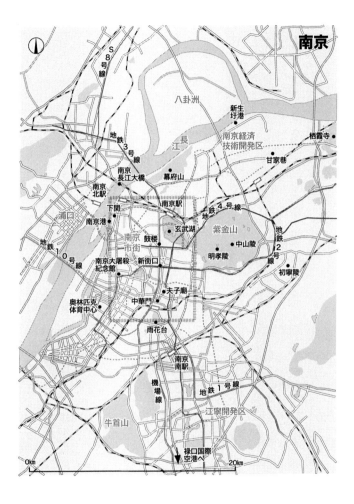

南京紫金山と下関

自然に抱かれた民国首都

CHINA
江蘇省

南中国を象徴する街、南京
孫文と朱元璋のふたりが紫金山に眠り
風光明媚な景観が広がっている

ふたつの陵墓

「明の初代皇帝」朱元璋と「中華民国建国後の臨時大総統」孫文はいずれも生前から紫金山の美しさにひかれ、紫金山にあるそれぞれ別の峰に陵墓が築かれている。両者の共通点は、北方の北京に都をおいた異民族の支配に対して、漢族による中国の統治をかかげ、南京に都をおいたところ（モンゴル族の元に替わった「明」、満州族の清に替わった「中華民国」）。朱元璋は南中国に拠点をおいて中国を統一した唯一の皇帝で、また孫文は2000年以上続いた皇帝独裁の封建制を終わらせ、現在の中国の礎をつくった「国父」と評価されている。

Zijinshan

自然に抱かれた民国首都

中華民国の首都

南京国民政府時代（1927〜37年）、孫文の後継者となった蒋介石のもと南京の首都計画は進められた。このとき、中央大学、中央銀行、中央博物院、中央病院、中央研究院が創立され、明故宮の跡地に官公庁、研究機関などの政府機能が集められた（中国の近代化はちょうどこの時代に進み、飛行機や鉄道といった文明の利器も使われるようになった）。紫金山の美齢宮とならぶ蒋介石の邸宅憩廬ほか、中央博物院と呼ばれた南京博物院、蒋介石が代表をつとめた励志社旧址、当時の史料を保存する南京中国第二歴史档案館も残り、現在の

CHINA
江蘇省

明故宮南西部に、明故宮飛行場が位置した。首都の政府機能は当初、紫金山のちょうど南側に配置される予定だったが、太平天国の乱で焼けて一定規模の土地があった明故宮跡へと変更された。

鉄道と、長江に架かる橋

線路を敷き、蒸気の力で物資や人を大量に、早く、正確に運べる鉄道は、産業革命を象徴するものと見られる。中国では、長いあいだ京杭大運河を使って江南の物資が華北へ運ばれていたが、清朝末期の1876年に最初の鉄道がしかれ、やがて

Zijinshan 自然に抱かれた民国首都

▲左　「国父」孫文の眠る中山陵。　▲右　1368年、南京で明を建国した朱元璋の孝陵

運河にとって替わった。とくに北京、天津から徐州、南京を通って上海にいたる京滬鉄道（北京と上海を結ぶ）と、その西側を走り、北京、鄭州から武漢を通って広州にいたる京広鉄道（北京と広州、また香港九龍を結ぶ）は中国南北を結ぶ大動脈となった。この両鉄道の障壁となるのが、中国を東西に流れる長江で、南京では浦口（北側）と下関（南側）、武漢では漢口（北側）と武昌（南側）のあいだを、連絡船で結ぶといった光景が見られた。こうしたなか1957年に武漢長江大橋、1968年に南京長江大橋が完成し、現代の大運河とも言うべき交通網が整えられていった。

【MEMO】

CHINA
江蘇省

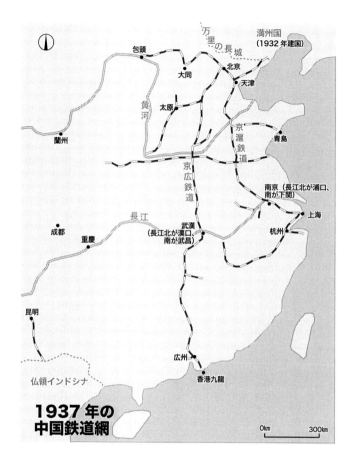

Zijinshan 自然に抱かれた民国首都

【地図】紫金山

【地図】紫金山の [★★★]
- ☐ 中山陵 中山陵 チョンシャンリン
- ☐ 明孝陵 明孝陵 ミンシャオリン

【地図】紫金山の [★★☆]
- ☐ 神道（明孝陵）神道 シェンダオ
- ☐ 紫金山 紫金山 ズゥジンシャン
- ☐ 霊谷寺 灵谷寺 リングウスー
- ☐ 美齢宮 美龄宫 メイリンゴォン
- ☐ 明故宮遺跡 明故宫遗址 ミングウゴォンイイチイ

【地図】紫金山の [★☆☆]
- ☐ 孫権墓 孙权墓 スゥンチュゥアンムウ
- ☐ 中山植物園 中山植物园 チョンシャンチイウウユゥエン
- ☐ 紫金山天文台 紫金山天文台 ズゥジンシャンティエンウェンタイ
- ☐ 徐達墓 徐达墓 シュゥダアムウ
- ☐ 李文忠墓 李文忠墓 リイウェンチョンムウ
- ☐ 常遇春墓 常遇春墓 チャァンユウチュンムウ
- ☐ 中山門 中山门 チョンシャンメン

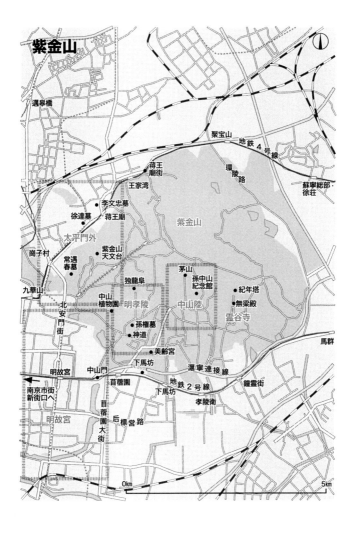

Zijinshan 自然に抱かれた民国首都

【MEMO】

CHINA
江蘇省

Guide, Zhong Shan Ling
中山陵 鑑賞案内

孫文の愛した紫金山に展開する中山陵
斜面を利用して展開し
毎日、多くの人がこの陵墓に訪れている

中山陵 中山陵 zhōng shān líng チョンシャンリン [★★★]
中山陵は中国の「国父」孫文（1866～1925年）の陵墓。紫金山第2峰茅山の南斜面が利用され、高低差73m、奥行き700mの劇的な視覚効果をもつ陵墓となっている。孫文は中国で2000年以上続いた王朝に替わって、1912年、南京で中華民国の臨時大総統に就任した。風光明媚なこの地を愛し、「死んだらここに葬られたい」という孫文の遺言通り、200万元を投じて1926年に建設ははじまり、1929年、中山陵で国葬が催された（孫文は1925年、北京で客死し、蒋介石の南京政府が北伐を完成させると、その遺体は南京に運ばれ

【地図】中山陵

【地図】中山陵の [★★★]
- 中山陵 中山陵 チョンシャンリン

【地図】中山陵の [★★☆]
- 大階段 台阶 タァイジエ
- 祭堂 祭堂 ジイタン

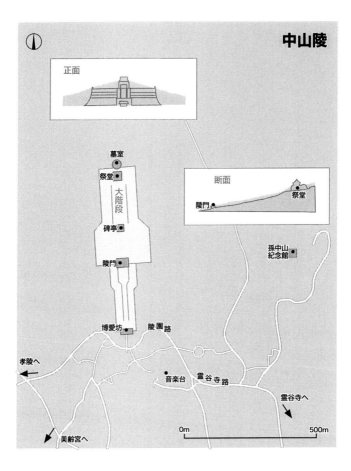

Zijinshan 中山陵鑑賞案内

CHINA
江蘇省

た)。孫文の号を「中山」、字を「逸仙」といい、中国では敬意をもって孫中山と呼ばれる。この孫中山という名前は日本時代に名乗った中山樵(「中国の山のきこり」)に由来する。

中山陵の構成

中山陵は中国の伝統的な皇帝陵墓の構成を踏まえながら、西洋と中国を折衷した建築様式をもつ。牌坊にあたる博愛坊、続いて陵門、碑亭、大階段(神道)から頂上の祭堂(儀式や祭祀を行なう寝殿)、遺体のおさめられた墓室へと続く。この中山陵は呂彦直による設計で、国民党を象徴する青色の屋

▲左　陵墓の入口に立つ博愛坊。　▲右　紫金山の斜面を利用した392段の大階段

根瓦がふかれている。また中山陵の周囲には、蔵経楼を前身とする孫中山紀念館、その前におかれた高さ2.6mの孫文の銅像（孫文を財政的に支援した日本人梅屋庄吉が1929年に寄贈）、扇型をした音楽台も残る。

大階段 台阶 tái jiē タァイジエ［★★☆］

孫文の眠る茅山の頂きへ続く392段の大階段。大階段入口の陵門から祭堂への高低差は73mになり、「392」という数字は当時の中国の人口3億9200万人を象徴する（皇帝陵墓の神道では神獣が陵墓を守護するが、中山陵では中国国民が

陵墓を守護する)。北京から運ばれてきた孫文の遺体は下関、中山路をへて、輿に乗せて中山陵の墓室へと運びあげられた。

祭堂 祭堂 jì táng ジイタン ［★★☆］

祭堂は大階段をのぼり切ったところに立つ中山陵の中心建築(陵寝制度で、墓のそばにおかれた儀式や祭祀を行なう寝殿にあたる)。青色の瑠璃瓦を載せた高さ29m、奥行き30m、幅25mの建物で、三間の入口上部にはそれぞれ「民族」「民権」「民生」という孫文の三民主義がかかげられている。祭堂内部には孫文の坐像が見られ、天井に孫文の使用した青天白日

▲左 「民族」「民権」「民生」、三民主義が刻まれた祭堂。 ▲右 祭堂内部におかれた孫文の坐像

旗が描かれている（また壁面には全25条からなる孫文の『建国大綱』が刻まれている）。

孫文を支援した日本人

1929年6月1日に行なわれた奉安大典で、孫文の亡骸を載せた輿をかつぐ人々のなかには、国民党関係者のほか、犬養毅や頭山満といった日本人の姿があった。1868年の明治維新以後、近代化を進めて日露戦争でロシアを破った日本には、孫文をはじめ、魯迅、周恩来、蒋介石など多くの中国人が亡命、留学していた（西洋文明や制度を、独自の言葉や方法で

CHINA
江蘇省

いち早くとり入れた日本に学ぼうとした)。孫文は北京に清朝があった 1905 年に東京で中国同盟会を、1914 年に同じく東京で中華革命党を結党している。イギリスやフランスなどの帝国主義国が覇権の拡大を目指すなか、日本と中国を中心に西欧列強に対抗しようとする日本の大アジア主義者たちが孫文の支援にあたった。

Guide, Ming Xiao Ling
明孝陵
鑑賞案内

貧しい農民から身を起こして
皇帝にまでのぼり詰めた朱元璋（1328〜1398年）
漢の劉邦とならべられる乱世を勝ち抜いた英雄

明孝陵 明孝陵 míng xiào líng ミンシャオリン ［★★★］

自然に溶けこむように紫金山（独龍阜玩珠峰）の南斜面に展開する明の初代皇帝朱元璋とその皇后馬氏の眠る明孝陵（孝陵という名前は、孝慈皇后馬氏の名前に由来する）。元末の混乱のなかで兵をあげた朱元璋は安徽省鳳陽から長江を渡って1356年、南京へ入城した。蘇州の張士誠、九江の陳友諒との争いに勝利した朱元璋は、1368年、南京で明朝を樹立、北京の元に替わる王朝を開いた（徐達ひきいる北伐軍が元の大都を攻略した）。洪武帝として即位した朱元璋は、南京の宮廷「紫禁城」で自ら三度の朝廷を開くなど、積極的に政務

【地図】明孝陵

【地図】明孝陵の ［★★★］
- ☐ 明孝陵 明孝陵ミンシャオリン

【地図】明孝陵の ［★★☆］
- ☐ 神道 神道シェンダオ
- ☐ 美齢宮 美齢宮メイリンゴォン

【地図】明孝陵の ［★☆☆］
- ☐ 孫権墓 孙权墓スゥンチュゥアンムウ
- ☐ 中山植物園 中山植物园チョンシャンチイウウユゥエン

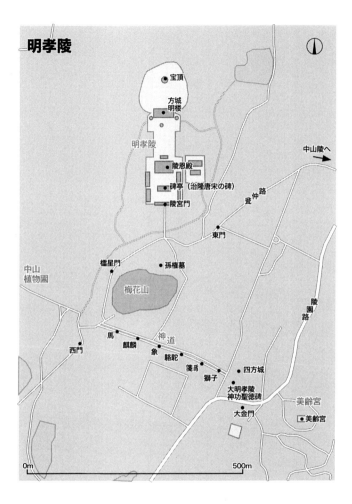

CHINA
江蘇省

をこなし、皇帝独裁を強化した一方で、猜疑心が強く、開国の功臣たちを次々に粛清したという面ももつ。この孝陵の造営は明が建国されて間もない1381年にはじまり、30年の月日をかけて1413年に完成した。護陵監と呼ばれる役人が陵墓を守り、10万本の松が植えられ、1千頭の鹿が飼われていた。その鹿の首には「盗宰せし者は死にあたる」という札がついていたという。

▲左　皇帝を意味する黄色の屋根瓦がふかれた明孝陵。　▲右　孫権墓を迂回するように走る神道

神道 神道 shén dào シェンダオ［★★☆］

明孝陵へ続く1100mの神道には、朱元璋（洪武帝）を守護する獅子、篦豸、駱駝、象、麒麟、馬の神獣と、文官と武官の石人がならぶ。神獣はそれぞれ2体ずつ計12体あり、一対は立ち、一対はうずくまっている（うずくまったらくだ像は高さ2.9m）。また2体ずつ4体ある石人は、若者と老人の組からなる。独龍阜前方の梅花山に三国呉の孫権の墓があり、家臣はとり壊しを進言したが、「我が陵墓の門番をさせればよい」と朱元璋が答えたことから、神道は皇帝陵墓にまっすぐ伸びず、曲がりくねっている。

CHINA
江蘇省

孝陵の構成

明孝陵は宮殿の紫禁城と同じく「前朝後寝（前に朝廷、後ろに後宮）」と呼ばれる様式をもち、3つの中庭が奥に展開していく。最初の中庭には「碑亭」「神厨」「神庫」、続く中庭には祭祀を行なう「陵恩殿」と「祭殿」（以上前朝）、最後の中庭には「方城」と諡（おくりな）石碑の立つ「明楼」、そのさらに奥には「宝頂」と呼ばれる円形墓が位置する（以上後寝）。それまでの中国皇帝陵と違って、方形だった陵墓のかたちが縦長の長方形に、方形墓は円形墓（直径400m）に変化した。以後、明清時代を通じて、この孝陵のプランが皇

▲左　康熙帝による「治隆唐宋の碑」が残る碑亭。　▲右　明の朱元璋(洪武帝)をたたえる記録

帝陵墓に受け継がれていった(清代の康熙帝は、明の朱元璋の功績が唐の李世民、宋の趙匡胤とならぶものであると「治隆唐宋の碑」を立てている)。この孝陵をとり囲む紅壁は全長22.5kmになり、明十三陵のものよりも大きいばかりでなく、全長33.7kmの南京城壁「3分の2」にあたる。下馬坊から先へは皇帝であろうとも自らの足で歩いて陵墓へ向かわなければならなかった。

CHINA
江蘇省

孫権墓 孙权墓 sūn quán mù スゥンチュゥアンムウ［★☆☆］
208年、劉備と同盟を結んで赤壁の戦いで曹操軍を打ち破り、魏と蜀とならぶ呉を建国した孫権の墓。孫権は南京に都をおき、以後、東晋、宋、斉、梁、陳へと続く六朝の先がけとなった（六朝陵墓は、三国呉、東晋までは南京市街に隣接した紫金山や幕府山におかれ、宋以後、南京郊外や丹陽に造営された）。この孫権墓のある梅花山は梅の名所としても知られ、梅は南京市の市花となっている。諸葛孔明が「鐘阜は竜盤、石頭は虎踞、真に帝王の宅なり（紫金山は龍がとぐろを巻く）」と孫権に語った故事も知られる。

Guide, Zi Jin Shan
紫金山鑑賞案内

紫金山は南京一番の景勝地
中山陵や明孝陵のほかにも
天文台や霊谷寺が点在する

紫金山 紫金山 zǐ jīn shān ズゥジンシャン ［★★☆］

南京市街の北東にそびえ、南京を象徴する山と知られてきた紫金山。周囲30㎞で、448mの主峰を中心に、中山陵の位置する茅山、明孝陵の位置する独龍阜などの峰がある。古くは金陵山、漢代の鐘山、後漢末の南京官吏蒋子文にちなむ蒋山など、さまざまな呼ばれかたをしてきた。紫金山という名前は、この山の紫色の頁岩層が太陽の光を受けて、金色に光って見えることにちなむ（紫金色は、紫色を帯びた最上の金色）。東晋（317〜420年）以後、この地に貴族や官吏が遊ぶようになり、仏教寺院や陵墓が建てられたほか、南京市街を防衛

CHINA
江蘇省

するための拠点となってきた。

霊谷寺 灵谷寺 líng gǔ sì リングウスー ［★★☆］
紫金山には「南朝四百八十寺」と詠われた仏教寺院が建立され、紫金山では梁の武帝による開善精舎が知られた。514年、南朝の都で活躍した宝誌和尚をまつるため、梁の武帝は独龍阜に寺院を建立し、智蔵法師がこの開善精舎の住持をつとめた。時代はくだり、明の朱元璋が紫金山独龍阜の美しさから自らの陵墓をつくることを決め、1376年、開善精舎を紫金山東部の地に遷した。これが現在の霊谷寺で、南朝以来の伝

▲左　霊谷寺の奥に立つ八角九層の紀年塔。　▲右　梁を１本も使わずに建てられた明代の無梁殿

統をもつものの、いくども戦火を受けたことから当時の遺構はほぼ残っていない。梁を使用せずに建てられた明代の無梁殿、1933年に建立された八角九層の国民革命軍陣亡将士紀念塔が立つ。また長安から分骨された玄奘三蔵の遺骨をまつる玄奘法師記念堂も開館している（玄奘の遺骨に関して、宋代、長安から南京に運ばれたと伝える史書が残る）。

美齢宮 美龄宫 měi líng gōng メイリンゴォン［★★☆］

美齢宮は南京国民政府（1927〜1937年）の主席官邸跡で、蒋介石とその妻宋美齢が過ごしたことから美齢宮の名前で呼

CHINA
江蘇省

ばれる。孫文の後継者として頭角を現した蒋介石は、1927年、上海で宋美齢と結婚した。この政略結婚によって、蒋介石・宋子文・孔祥熙・陳立夫の四大家族が国民党の要衝をしめる体制が完成した（宋子文と血をわけた宋家の三姉妹。宋靄齢は浙江財閥の孔祥熙に、宋慶齢は孫文に、宋美齢は蒋介石に嫁いだ）。宋美齢は少女時代にアメリカで暮らした経験から蒋介石の英語通訳をつとめ、アメリカ世論に中国の立場を訴えるなど華麗なファーストレディとして世界中から注目を集めた。また1936年の西安事件で蒋介石が張学良に監禁されたとき、宋美齢が周恩来との交渉にあたった。この美齢宮で

の宋美齢の派手な生活が知られ、50万ドルのガウンをまとい、毎年、40万ドルの化粧品をフランスから買いつけ、彼女の使うトイレットペーパーはひと巻き20ドルもしたという。

中山植物園 中山植物园 zhōng shān zhí wù yuán
チョンシャンチイウウユュエン ［★☆☆］

1929年に開館した国立植物園を前身とする中山植物園。中国でも有数の規模をもつ植物園で、紫金山の豊かな自然のなか、7000もの植物が保存、栽培されている。植物研究所も位置する。

【地図】太平門外

【地図】太平門外の ［★★☆］
- □ 紫金山 紫金山ズゥジンシャン
- □ 玄武湖 玄武湖シュゥアンウウフウ

【地図】太平門外の ［★☆☆］
- □ 紫金山天文台 紫金山天文台ズゥジンシャンティエンウェンタイ
- □ 徐達墓 徐达墓シュウダアムウ
- □ 李文忠墓 李文忠墓リイウェンチョンムウ
- □ 常遇春墓 常遇春墓チャァンユウチュンムウ

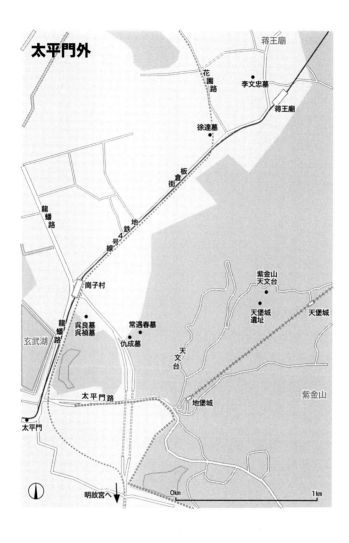

江蘇省

紫金山天文台 紫金山天文台 zǐ jīn shān tiān wén tái
ズゥジンシャンティエンウェンタイ ［★☆☆］

紫金山西部の標高367mの地点に立つ紫金山天文台。南京に首都があった1928年創立の国立中央研究院天文研究所を前身とし、1934年、中国で最初の天文台として開館した。暦法や南京標準時間を定め、現在でも中国を代表する天文台、研究機関をそなえる。球体の天体観測楼が立つほか、明代の渾天儀（地球を中心に、天をそのまわりを回転するように見立てる）や天球儀のレプリカ、日時計や時間を正確に測る機器が保存されている。南京市街をのぞむ要害の地にあたると

ころから、近くに太平天国の要塞だった天堡城遺址も残る。

徐達墓 徐达墓 xú dá mù シュウダアムウ［★☆☆］
鐘山の北麓、南京旧城の太平門外に残る明中山王徐達の墓。徐達は農民反乱の指導者として頭角を現した朱元璋と同郷出身で、早く（1352年）から朱元璋の手足となって働いた明開国の功臣のひとり。朱元璋が南京を陥落させると、征虜大将軍徐達は「駆逐胡虜、恢復中華」をかかげて25万人の軍勢をひきいて北伐を進めた。1368年、元の大都（北京）を攻略し、元をモンゴル高原へ追いはらって1370年、南京に

江蘇省

戻った。この徐達は文人の左丞相李善長とならんで、武人の右丞相という最高位の官吏となり、死後、中山王に追封された。徐達墓へいたる参道の両脇には馬、羊、虎、武人、文人の石像がならび、明皇帝陵墓に準ずる様式が見られる。

李文忠墓 李文忠墓
lǐ wén zhōng mù リイウェンチョンムウ ［★☆☆］

徐達墓のそばに残る明開国の功臣のひとりである李文忠の墓。李文忠は1368年、明を建国した朱元璋の甥（2番目の姉の子ども）で、浙江省と福建省の平定に功があり、生前、

▲左　南京を象徴するプラタナス並木が続く。　▲右　明の武人像、乱世を勝ち抜いた屈強の軍人たち

曹国公に封じられた。猜疑心から功臣である人々も次々と粛清（胡惟庸の獄、胡藍の獄）した朱元璋に対し、それをやめること、宦官を減らすことを進言したが、逆に怒りを買い、1384年、毒殺された。李文忠は徐達・常遇春・鄧愈・沐英・湯和とともに六王と呼ばれ、死後、岐陽王に追封された。

常遇春墓 常遇春墓
cháng yù chūn mù チャァンユウチュンムウ [★☆☆]

常遇春は徐達につぐ副将軍として元討伐を行なった明の武人。「10万の兵をひきいて天下に横行したい」と日々、口に

江蘇省

していたことから「常十万」と呼ばれていた。常遇春墓は紫金山の西側に位置し、高さ 2.4m の盛り土状の墓のほか、石人や石獣も残っている。

明開国の功臣と皇帝陵墓群

南京旧城太平門外の紫金山麓、また中華門外の雨花台麓に残る明開国の功臣の墓群。これらの人々は安徽省鳳陽に生まれた朱元璋と故郷を同じくし、貧しい農民生活のなかから兵をあげて中国全土を統一した明開国の功臣となった（淮西地域は干ばつや水害の被害を受け、白蓮教徒の活動がもっとも活

【MEMO】

CHINA
江蘇省

発な地域だった。その構成員が明を樹立した)。なかでも紫金山麓の徐達墓、李文忠墓、常遇春墓、仇成墓、呉良墓、呉禎墓は、2004年に追加登録され、世界遺産の明・清朝の皇帝陵墓群を構成する。ほかには、北京の明の十三陵、河北省の清東陵、清西陵、遼寧省の関外三陵などが登録されている。

「南京の土地爺」蒋子文神

中国では、「土地の神」城隍神とともに、その街で良政をとったり、活躍した人を死後、「土地爺」としてまつる習慣があった。土地爺信仰は後漢末ごろから見られ、やがて7世紀に中

Zijinshan 紫金山鑑賞案内

国全土に広がった。南京の土地爺とされるのが蒋子文で、蒋子文は後漢末、南京の刑獄や検察を担当する役人だった。賊を追いかけて紫金山まで来た蒋子文は、傷を受け、やがて死んでしまった。のちに呉の孫権（182～252年）が南京に都をおいたとき、蒋子文の霊が孫権の前に現れ、「自分の祠を建ててほしい」と言った。孫権が建てずにほおっておくと、南京で疫病が起こり、災いが続いた。そのため孫権は祠を建て、蒋子文をまつり、以後、蒋子文は南京の土地爺となった。現在は、蒋王廟街という地名が残っている。

首都南京と近現代の歩み

中国革命の父、孫文
孫文の後継者となった蒋介石
南京は激動する中国の舞台となっていた

辛亥革命と南京

1842年、アヘン戦争以後の南京条約で、上海に租界が構えられるなど、中国清朝は西欧列強の侵略対象となっていた。1911年、辛亥革命が成功すると、各省は清朝からの独立を宣言し、清朝に替わる中央政府を樹立する機運が高まった。こうしたなか、アメリカから上海に帰国した孫文（1866～1925年）は、1912年1月1日、南京で中華民国臨時大総統に就任した。南京の地が選ばれたのは、2000年続いた皇帝支配の象徴であった北京をさけたこと、北方の満州族に対して漢族の伝統をもつ都であったことなどがあげられる（辮髪

江蘇省

や纏足など旧社会の慣習と決別する意図があった)。一方で、孫文はわずか3か月で北京で強大な力をもつ袁世凱に権力をゆずることになった。中国各地で軍閥がならび立つ状況が続いたことから、1925年、孫文は「革命いまだならず」の言葉を残してなくなった。

北伐と南京国民政府

孫文の意思をついで北伐を行ない、1928年、中国を統一した蔣介石。孫文のもとで国共合作はなっていたが、この北伐の途上の1927年、蔣介石は上海で共産党を弾圧するクーデ

▲左　孫文の執務室があった総統府、南京市街部に残る。　▲右　辛亥革命以前から孫文の使用した青天白日旗

ターを起こし、南京で国民政府（1927〜37年）を樹立した。また蒋介石の北伐にあたって、北京にいた張作霖は地元の瀋陽に退却しようとしたところ、日本軍に爆殺された（1905年の日露戦争以後、日本は大陸進出を本格化させていた）。蒋介石の国民政府は、蒋介石・宋子文・孔祥熙・陳立夫の四大家族を中心に構成され、1920年代から30年代にかけて首都南京の街づくりが進められた。

日中戦争とその戦後

1937年の蘆溝橋事件を受けて、日中戦争が勃発すると、戦

CHINA
江蘇省

火は上海にも飛び火し、日本軍は杭州湾から上海へ上陸した。当時の中国の首都である南京を目指して進軍が開始され、南京は陥落、このとき日本軍によって南京事件（南京大虐殺）が起こった。一方、日本軍が南京に到達する直前に蔣介石は、重慶への遷都を決定し、南京から武漢、重慶へと政府を遷していった（南京では、日本の傀儡政権である汪兆銘の南京国民政府が樹立された）。「空間をもって時間に換える」という蔣介石の戦略、1941年の太平洋戦争の開戦もあって、1945年8月に日本は敗戦し、蔣介石の政府は南京へ戻ってきた。その後、国民党と共産党とのあいだで協議が続いたものの、

Zijinshan　首都南京と近現代の歩み

決裂し、国共内戦の敗北を受けて蒋介石は台湾へ渡った。戦いに勝利した共産党の毛沢東は1949年10月1日、中華人民共和国の設立を宣言した。

【地図】南京市街の [★★☆]

- ☐ 明故宮遺跡 明故宫遗址 ミングウゴォンイイチイ
- ☐ 南京博物院 南京博物院 ナンジンボオウウユュエン
- ☐ 玄武湖 玄武湖 シュゥアンウウフウ
- ☐ 閲江楼 阅江楼 ユエジィアンロウ

【地図】南京市街の [★☆☆]

- ☐ 光華門 光华门 グゥアンフゥアメン
- ☐ 南京駅 南京站 ナンジンチャァン
- ☐ 紅山森林動物園 红山森林动物园 ホォンシャンセンリンドンウウユュエン
- ☐ 中山北路 中山北路 チョンシャンベイルウ
- ☐ 山西路 山西路 シャンシイルウ
- ☐ 南京広播電視塔 南京广播电视塔 ナンジングゥアンボオディエンシイタア
- ☐ 下関 下关 シィアグゥアン

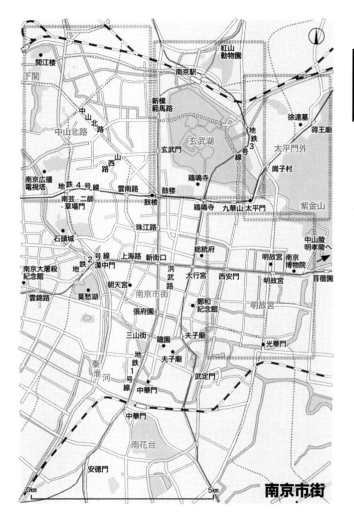

首都南京と近現代の歩み

Guide, Ming Gu Gong
明故宮城市案内

CHINA
江蘇省

紫金山南麓にあった燕雀湖を
埋め立てて築かれた明故宮
北京紫禁城に受け継がれた王朝の宮殿跡

明故宮遺跡 明故宮遗址
míng gù gōng yí zhǐ ミングウゴォンイイチイ ［★★☆］

明の朱元璋が造営した南京旧城は、南京の地形にあわせてつくられ、宮殿にあたる紫禁城は東にかたよって位置した（宋元時代までここは南京城外だった）。これは「紫金山の龍頭」とされた龍広山（富貴山）を背後とする風水によるもので、南京紫禁城は1366年に建設がはじまり、当初は簡素だったが、やがて壮麗な宮殿が現れた。1368年、朱元璋はここで明初代洪武帝として即位し、1日三度の朝廷を開き、上奏文を読むなど積極的に政務を行ない、皇帝による独裁体制の強

化をはかった。第3代永楽帝（1360〜1424年）による遷都を受けて南京紫禁城は荒れはじめ、1645年、清軍による南京占領後、八旗軍の拠点となった。太平天国（1851〜64年）の乱で消失し、現在は丸い礎石、石獅子がわずかに残り、明故宮遺址公園として整備されている。

明故宮（南京紫禁城）の構成

南京紫禁城は、官吏が皇帝に謁見し、北京故宮の太和殿にあたる奉天殿、華蓋殿、謹身殿の前朝三大殿、皇后や妃が暮らした乾清宮、坤寧宮の後宮からなった。この「前殿」と「後宮」

【地図】明故宮

【地図】明故宮の［★★☆］
- ☐ 明故宮遺跡 明故宮遺址ミングウゴォンイイチイ
- ☐ 南京博物院 南京博物院ナンジンボオウウユゥエン
- ☐ 紫金山 紫金山ズゥジンシャン
- ☐ 玄武湖 玄武湖シュゥアンウウフウ

【地図】明故宮の［★☆☆］
- ☐ 憩廬 憩庐チィイルウ
- ☐ 中山門 中山门チョンシャンメン
- ☐ 光華門 光华门グゥアンフゥアメン
- ☐ 中山植物園 中山植物园チョンシャンチイウウユゥエン
- ☐ 紫金山天文台 紫金山天文台 ズゥジンシャンティエンウェンタイ
- ☐ 常遇春墓 常遇春墓チャァンユウチュンムウ
- ☐ 九華山公園 九华山公园 ジィウファアシャンゴンユゥエン

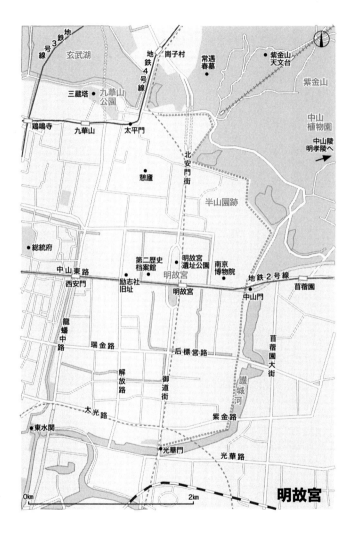

明故宮城市案内

明故宮

【MEMO】

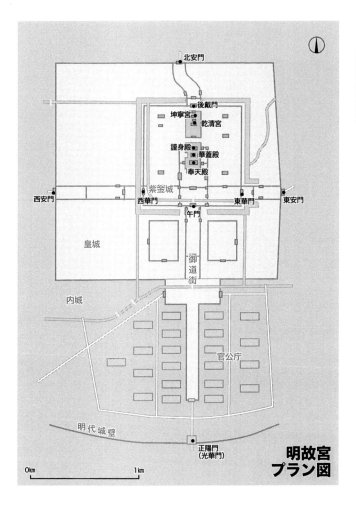

CHINA
江蘇省

▲左　かつて南京紫禁城の柱を支えた礎石。　▲右　南京紫禁城のプランをもとに北京の紫禁城は建てられた

はそれぞれ「陽」と「陰」、「男」と「女」を示し、紫禁城を中心に皇城、内城、外城の四重に城壁がめぐらされていた。紫禁城は東西 0.75 km、南北 0.95 km（皇城は東西 2 km、南北 2.5 km）で南に午門、北に後戴門、東に東華門、西に西華門がおかれていた。午門からまっすぐ南に御道街が伸び、皇城南側は官吏がつとめる官公庁となっていた。明朝第 3 代永楽帝による北京遷都後、南京紫禁城の構造をもとに北京紫禁城（故宮）は築かれた。そして、南京は明開国の地として陪都（副都）がおかれ、北京に準ずる地位をたもった。

【MEMO】

江蘇省

南京博物院 南京博物院
nán jīng bó wù yuàn ナンジンボオウウユゥエン [★★☆]

南京博物院は、南京に首都のあった国民政府時代の 1933 年に創設が構想された中央博物院を前身とする。中国の博物館を代表する展示品の内容、収集品の質で知られ、歴史館、芸術館、民国館などで構成される。玉器、青磁磁器、漆器、陶器、織物、刺繍、書画など 42 万点を収蔵し、とくに徐州出土の玉片で覆われた『後漢銀縷玉衣』、日本の志賀島で見つかったものと同様の『広陵王璽』、明代の『彩色イスラム・グラス』などが知られる。またこの南京博物院の建築は、明清時代の

Zijinshan 明故宮城市案内

▲左 時代によってさまざまな様式が生まれた中国美術。　▲右 皇帝を象徴する龍の彫刻、明故宮にて

柱や梁に色彩をほどこすのではなく、木材や素材そのものを重視した様式（梁思成が設計した唐末から遼、金時代の建築様式）で建てられている。1950年に開館した。

漂流する美術品

北京故宮の正式名称は故宮博物院と言い、南京博物院とともに、より格式の高い「院」という言葉が使われている。これは南京博物院がつくられたとき、中華民国の首都は南京にあり、国の中央博物院として設立されたことによる（蔡元培が院長をつとめ、殷墟の発掘などを行なっている）。日本軍の

CHINA
江蘇省

中国侵略が本格化するなか、北京故宮の至宝は南京、重慶へと遷され、やがて台湾に運ばれた。このとき北京から南京へ来た宋代『印花双魚文盤』などの「南遷文物」が南京博物院で見られ、また至宝中の至宝は台湾の故宮博物院に残るという（台湾に遷せなかった美術品が、南京博物院の地下倉庫と朝天宮の専用倉庫に残っていた）。さらにこれらの博物院とは別に、清朝が北京に入城する以前の都瀋陽にも、瀋陽故宮博物院が位置する。

王安石と半山園

北宋代の官吏王安石（1021〜1086年）が晩年を過ごした半山園。父が南京の官吏をつとめていたこともあり、王安石はその生涯の大部分を南京で暮らした。朝廷が大地主の代わりに小作農に苗を貸し出す「青苗法」はじめ、新法と呼ばれる政策を進めたが、やがて旧法派に敗れ、1076年、南京に戻ってきた。晩年の王安石は近くを散策したり、書物に親しんだりしていたが、やがて1084年、この半山園も紫金山太平興国寺に寄進し、自らは秦淮河ほとりの小さな住居で慎ましい生活を送った。半山園という名前は、南京城と王安石の父の

CHINA
江蘇省

眠る紫金山の中間（半分）にあるところから名づけられたという。

憩廬 憩庐 qì lú チィイルウ ［★☆☆］
紫金山の美齢宮とともに国民党の蒋介石（1887〜1975年）が邸宅とした憩廬。近代上海で建てられた庭園つき2階建ての西欧風「花園邸宅」の様式をもち、1929年に完成した。明故宮跡に官公庁がおかれたことから、蒋介石邸の憩廬ほか、中央博物院、民国時代の史料を収集する南京中国第二歴史档案館、蒋介石が代表をつとめた励志社旧址も近くに位置する。

▲左 民族衣装を身にまとった男性の看板。 ▲右 かつては甕城型だったが交通の観点からアーチ型になった中山門

中山門 中山门 zhōng shān mén チョンシャンメン [★☆☆]

南京旧城の東門にあたり、市街と孫文の眠る中山陵を結ぶ中山門。かつて朝陽門と呼ばれ、中華門同様の甕城があったが、1927年、通行しやすいようにアーチ型の門へ改造された。また日中戦争中の1937年、南京を陥落させた日本軍が入城式を行なった場所としても知られる。

江蘇省

光華門 光华门
guāng huá mén グゥアンフゥアメン [★☆☆]

光華門は南京旧城にあった 13 の城門のひとつ。御道街の延長上に位置する明故宮正門にあたり、光華門外には護城河が流れている。日中戦争さなかの 1937 年、日本軍と中国軍のあいだで激戦が交わされた場所でもあった（日本軍は南京攻略にあたって、城の南と東側から攻撃し、中華門、光華門、中山門で激しい戦闘が行なわれた）。

Guide, Xuan Wu Hu
玄武湖城市案内

CHINA
江蘇省

南京市街の北側に隣接する玄武湖
周囲15kmの巨大な湖は
南京の水瓶となってきた

台城 台城 tái chéng タイチャァン [★☆☆]

鶏鳴寺や玄武湖といった景勝地を周囲に抱え、南京旧城をとり囲む城壁のなかでもっとも美しい姿を見せる台城。この台城は全長250mほどに過ぎないが、その景観の美しさと六朝時代の城壁跡に比定されることが特筆される。3～6世紀の六朝時代の宮殿を「台城」と呼び、鶏鳴寺の北側に城壁はあったと伝えられるが、正確なことはわかっていない。

Zijinshan 玄武湖城市案内

明代の南京城壁

南京に首都がおかれた明、朱元璋時代の1383〜99年につくられた南京旧城の城壁。城壁の高さ14〜18m、頂部の幅4〜9m、底部の幅15mで、全長33.7kmにおよぶ世界最大規模の城郭都市を構成する。城壁の造営にあたって、20万人の人々が動員され、必要な磚（焼成レンガ）は雨花台にある官営の窯で焼かれた（長さ40〜46㎝、幅20〜21㎝、高さ10〜11㎝の規格のもの）。なお、蘇州の豪商沈万三の財産が城壁造営に使われ、その富だけで南京城壁の3分の1ほどを捻出したという。

【地図】玄武湖

【地図】玄武湖の [★★☆]
- [ ] 玄武湖 玄武湖シュゥアンウウフウ
- [ ] 紫金山 紫金山ズゥジンシャン

【地図】玄武湖の [★☆☆]
- [ ] 台城 台城タイチャァン
- [ ] 九華山公園 九华山公园 ジィウファアシャンゴンユゥエン
- [ ] 南京駅 南京站ナンジンチャァン
- [ ] 紅山森林動物園 红山森林动物园 ホォンシャンセンリンドンウウユゥエン
- [ ] 常遇春墓 常遇春墓チャァンユウチュンムウ

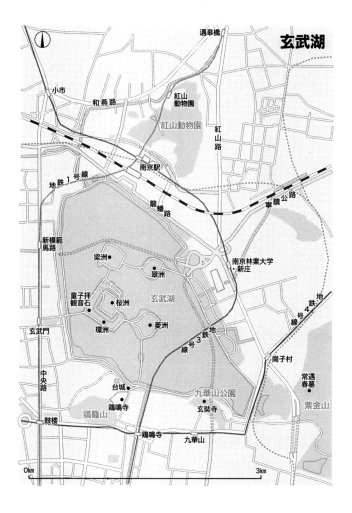

玄武湖

Zijinshan 玄武湖城市案内

江蘇省

玄武湖 玄武湖 xuán wǔ hú シュゥアンウウフウ ［★★☆］

南京駅と南京市街のあいだに広がり、市民の憩いの場となっている玄武湖。玄武湖は後湖、北湖などと呼ばれ、古くから親しまれてきたが、南朝宋代（420～479年）にこの湖に黒龍が現れたことから玄武湖と称されるようになった（玄武は四神のなかで北を守護する神獣で、南京旧城の北の守りにもなっていた）。また南朝陳代の578年、ここで10万人の兵による大演習が行なわれ、明代には戸籍徴税のための原本が納められる倉庫があった。巨大な湖に5つの島が浮かび、環洲には観音石、童子石というふたつの太湖石「童子拝観音石」

▲左　豊かな水をたたえる玄武湖。　▲右　六朝時代にさかのぼるとも言われる台城

がおかれている。蓮や柳、色とりどりのつつじなど四季折々の美しい自然を見せる。

九華山公園 九华山公园 jiǔ huà shān gōng yuán
ジィウファアシャンゴンユゥエン［★☆☆］

北の玄武湖、東の紫金山にはさまれた風光明媚な九華山公園。豊かな自然のなか、楼閣や亭が点在し、なかでも玄奘三蔵の遺骨をおさめる玄奘寺が知られる。長安にあった玄奘の遺骨を南京に分骨したという宋代の記録が残り、長安の大雁塔をもした三蔵塔が立つ。

江蘇省

南京駅 南京站 nán jīng zhàn ナンジンチァァン ［★☆☆］
北京と上海を結ぶ京滬鉄道の中継点となっている南京駅。清末に創建された南京駅（現在の南京西駅）を前身とし、南京長江大橋の完成にあわせて1968年、この地で操業を開始した。2002年に現在の姿となり、駅から南側に出ると玄武湖とその向こうにそびえる高層ビルが視界に入る。

▲左　南京駅から南の玄武湖をのぞむ。　▲右　南京市街を走る地下鉄の駅

紅山森林動物園 红山森林动物园 hóng shān sēn lín dòng wù yuán ホォンシャンセンリンドンウウユゥエン ［★☆☆］

ジャイアント・パンダやアジアゾウ、キリンやカンガルー、シマウマをはじめとする動物に出合える紅山森林動物園。280種3000の動物が鳥類エリア、猛獣エリア、草食動物エリア、霊長類エリアなどにわかれて飼育されている。1998年、玄武湖にあった動物園が移転して市街北部の紅山で開館した。この地は六朝時代の皇族庭園のあった場所だと伝えられる。

【MEMO】

Guide,
Zhong Shan Bei Lu
中山北路
城市案内

鼓楼広場から北東へ伸びる中山北路
孫文の遺体を運ぶためにつくられ
近代史の舞台となった遺構も残る

中山北路 中山北路
zhōng shān běi lù チョンシャンベイルウ [★☆☆]

長江に面した下関（南京港）から南京市街へ斜めに走る中山北路。この通りは北京で客死した孫文の遺体を中山陵に運ぶために整備されたもので、南京ではじめてのアスファルト道路でもあった（1928年に完成）。道幅40 mの通りは11.95 kmに渡って続き、両脇にはプラタナスが植えられている。また1933年に建てられた民国時代の建築、首都飯店旧址なども見られる。

【地図】中山北路

【地図】中山北路の ［★★☆］
- ☐ 閲江楼 阅江楼 ユエジィアンロウ
- ☐ 南京長江大橋 南京长江大桥 ナンジンチャンジィアンダアチィアオ
- ☐ 長江 长江 チャンジィアン

【地図】中山北路の ［★☆☆］
- ☐ 中山北路 中山北路 チョンシャンベイルウ
- ☐ 獅子橋歩行美食街 狮子桥步行美食街 シイツゥチャオブウシンメイシイジエ
- ☐ 江蘇諮議局旧址 临时政府参议院旧址 リンシイチョンフウツァンイイユュエンジィウチイ
- ☐ 山西路 山西路 シャンシイルウ
- ☐ 頤和路 頤和路 イイハァアルウ
- ☐ 三牌楼 三牌楼 サンパァイロウ
- ☐ 南京広播電視塔 南京广播电视塔 ナンジングゥアンボオディエンシイタア
- ☐ 天后宮 天后宮 ティエンホウゴォン
- ☐ 下関 下关 シィアグゥアン
- ☐ 南京西駅 南京西站 ナンジンシイチャアン
- ☐ 江南水師学堂遺址 江南水师学堂遗址 ジィアンナァンシュイシイシュゥエタァンイイチイ

中山北路

Zijinshan | 中山北路城市案内

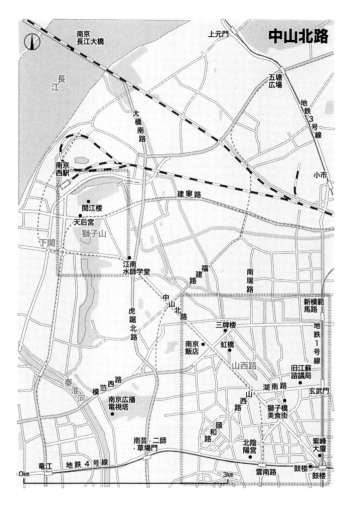

【地図】山西路

【地図】山西路の [★☆☆]

- [ ] 中山北路 中山北路チョンシャンベイルウ
- [ ] 獅子橋歩行美食街 狮子桥步行美食街 シイツゥチャオブウシンメイシイジエ
- [ ] 江蘇諮議局旧址 临时政府参议院旧址 リンシイチョンフウツァンイイユゥエンジィウチイ
- [ ] 山西路 山西路シャンシイルウ
- [ ] 頤和路 頤和路イイハァアルウ
- [ ] 三牌楼 三牌楼サンパァイロウ

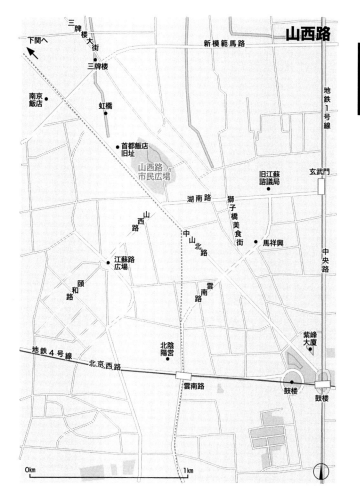

江蘇省

獅子橋歩行美食街 狮子桥步行美食街
shī zǐ qiáo bù xíng měi shí jiē
シイツゥチャオブウシンメイシイジエ ［★☆☆］

南京を代表する美食街の獅子橋歩行美食街。牌楼からなかに入った通りには南京料理や小吃を出す店舗がずらりとならび、夜遅くまで多くの人でにぎわう。なかでも清真料理の馬祥興は清代以来の伝統をもち、アヒルのもつを調理した「美人肝（味肝）」が知られる。

江蘇諮議局旧址 临时政府参议院旧址
lín shí zhèng fǔ cān yì yuàn jiù zhǐ
リンシイチョンフウツァンイイユゥエンジィウチイ[★☆☆]

江蘇諮議局は、1909年、立憲制への転換をはかる清朝が設立した諮問機関（それまでの帝政から憲法をもつ国へ大きく舵を切ることが考えられた）。外国の議会制度を参考にした行政改革のための諮議局が各省におかれ、南京の江蘇諮議局と武漢の湖北諮議局の建物が現存する。

CHINA
江蘇省

▲左 高さ318.5mの南京広播電視塔（紫金塔）。 ▲右 中山北路は鼓楼広場から下関へ伸びる

山西路 山西路 shān xī lù シャンシイルウ ［★☆☆］

山西路から湖南路へかけて続く一帯は新街口や鼓楼とならぶ南京の繁華街。20世紀初頭に整備され、世貿中心大厦などの高層ビルや大型店舗が続く。下関と南京市街のちょうど中間にあたる立地から、民国時代の官吏は山西路から頤和路界隈に暮らした。

頤和路 頤和路 yí hé lù イイハァアルウ ［★☆☆］

頤和路は南京国民政府（1927～37年）時代に整備された高級住宅街で、円形ロータリーを中心に整然とした街区をもつ。

【MEMO】

CHINA
江蘇省

ここに高級官僚や民族資本家、外交官などが邸宅を構え、民国時代の建築が残っている。

三牌楼 三牌楼 sān pái lóu サンパァイロウ ［★☆☆］

南京旧城の北西部にあたった三牌楼界隈。三牌楼大街の両脇には商店がずらりとならぶほか、近くの水路にかかる虹橋では江南を代表する光景が見られた。また 1933 年に建設された首都飯店旧址、1936 年に創建され、旧アメリカ領事館を改装したホテルの南京飯店も立つ。

南京広播電視塔 南京广播电视塔
nán jīng guǎng bō diàn shì tǎ
ナンジングゥアンボオディエンシイタア [★☆☆]

南京市街西部にそびえる高さ 318.5m の南京広播電視塔。「紫金塔」の愛称でも親しまれ、電波塔の地上部では江蘇科技館が開館している。通信やロボット、乗りものといった未来技術に関する科技智慧展区、アルキメデスやニュートンの発見を紹介する探索発現展区、自然環境や生態に関する生態・家園展区などからなる。

Guide, Xia Guan
下関
城市案内

雄大な流れを見せる長江

南京の街はこの河のほとりに開け

下関には南京港がおかれてきた

閲江楼 阅江楼 yuè jiāng lóu ユエジィアンロウ ［★★☆］

長江をのぞむ高さ78mの丘陵に立つ壮大な楼閣の閲江楼。岳陽楼（湖南省岳陽）、黄鶴楼（湖北省武漢）、滕王閣（江西省南昌）とともに長江のほとりに立つ江南四大名楼にあげられる。1374年、朱元璋はこの丘陵を獅子山と名づけ、閲江楼の建造を命じたが、結局、完成することはなかった。こうしたなか2001年、明代から7世紀のときをへて高さ52m、7層の閲江楼が建設された。大牌楼、山門をへて山頂にそびえる楼閣は、赤、黄、緑、青など明朝風の極彩色で彩られ、堂々としたたたずまいを見せる。この閲江楼を中心に、朱元璋像、

【地図】獅子山

【地図】獅子山の [★★☆]
- ☐ 閲江楼 阅江楼 ユエジィアンロウ

【地図】獅子山の [★☆☆]
- ☐ 儀鳳門 仪凤门 イイフェンメン
- ☐ 天后宮 天后宫 ティエンホウゴォン
- ☐ 静海寺 静海寺 ジィンハイスー
- ☐ 中山北路 中山北路 チョンシャンベイルウ

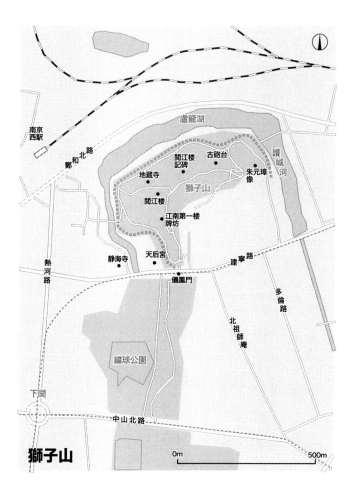

江蘇省

▲左　獅子山にそびえる閲江楼。　▲右　赤、黄、緑、青の極彩色で彩られている

古砲台、閲江楼記碑、地蔵寺などが展開する。

儀鳳門 仪凤门 yí fèng mén イイフェンメン ［★☆☆］

南京旧城に配された13の門のうち、北西端にあたる儀鳳門。長江に面した儀鳳門外の龍江関が港となり、道教寺院の天后廟や仏教寺院の静海寺といった海にまつわる寺廟がおかれてきた（また近代以降、この儀鳳門街の下関が南京港として発達した）。防衛上の理由から獅子山を囲むように南京城壁は走り、3つのアーチをもつ門のうえに楼閣を載せる。

【MEMO】

CHINA
江蘇省

天后宮 天后宫 tiān hòu gōng ティエンホウゴォン [★☆☆]
明第3代永楽帝時代に南海遠征を行なった鄭和が1407年に建立した天后宮。明代、この地は南京の外港にあたり、鄭和の南海遠征の拠点がおかれ、宝船をつくったドックもあった。天后はもともと宋代の福建省に実在した巫女媽祖のことで、元、明と海上交通が活発になるなか、その神格や地位を高めていった。明初代皇帝の朱元璋（1328～98年）の命で、「海の守り神」媽祖をまつる廟（南京十廟のひとつ）が江東門外におかれていたが、こちらの廟は鄭和の上奏を受けて「天の妃（天后）」という地位で新たに建てられたもの。1925年の

戦火で破壊をこうむり、21世紀に入ってから閲江楼のそびえる獅子山麓のこの地で再建された。

静海寺 静海寺 jìng hǎi sì ジィンハイスー ［★☆☆］
南京旧城儀鳳門外に立つ静海寺は、明代に建てられた十大律寺のひとつを前身とする。1416年の創建で、平和な航海を願う「海静平安」という思いから静海寺と名づけられている。20世紀末に再建され、アヘン戦争後の南京条約ゆかりの地（長江に停泊するコーンウォリス号で清朝とイギリスのあいだの条約が結ばれた）であることから、現在、「南京条約」史料陳列館になっている。

【地図】下関

【地図】下関の ［★★☆］
- ☐ 閲江楼 阅江楼 ユエジィアンロウ
- ☐ 南京長江大橋 南京长江大桥 ナンジンチャンジィアンダアチィアオ
- ☐ 長江 长江 チャンジィアン

【地図】下関の ［★☆☆］
- ☐ 下関 下关 シィアグゥアン
- ☐ 大馬路 大马路 ダアマアルウ
- ☐ 南京西駅 南京西站 ナンジンシイチャアン
- ☐ 南京港 南京港 ナンジンガァン
- ☐ 江南水師学堂遺址 江南水师学堂遗址 ジィアンナァンシュイシイシュゥエタァンイイチイ

CHINA
江蘇省

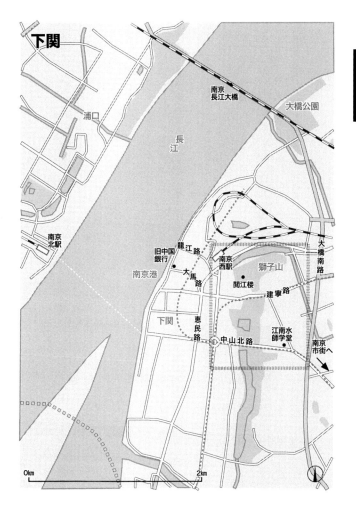

江蘇省

南京長江大橋 南京长江大桥 nán jīng cháng jiāng dà qiáo
ナンジンチャンジィアンダアチィアオ ［★★☆］

南京長江大橋は上下二層からなる橋梁で、上層の道路橋は4589 m、下層の鉄道橋は6772mの長さをもつ。文化大革命の嵐が吹きあれる1968年、毛沢東の「独立自主、自力更生」の教えのもと、人々は24時間、稼働し続けて建設にあたった（中国人による設計、中国独自の資材使用といった特徴をもつ）。また生産闘争、階級闘争、科学実験といった側面と、「中国人労働者が長江に橋を架けた」という象徴的意味あいもあった。この橋の完成までは連絡船が下関と対岸の浦口を

▲左　当時の技術や人を総動員して架けられた南京長江大橋。　▲右　毛沢東像が立つ

往来していたが、南京長江大橋の架橋で、北京と上海を結ぶ直通列車が走るようになった。エスカレーターで橋の上部にのぼると、高さ70mになる橋塔や長江を行き交う船が視界に入る。現在、この南京長江大橋の下流に第二長江大橋、上流に第三長江大橋が架けられている。

ソ連と中国と、南京長江大橋

1949年に建国された中華人民共和国では、1950年代、同じ社会主義国の「ソ連に学べ」と呼びかけられ、物資や技術でソ連の支援を受けていた。こうしたなか、1958年以降、ス

CHINA
江蘇省

ターリンに代わったフルシチョフと毛沢東のあいだで対米政策や同盟関係をめぐって足並みがそろわなくなっていた。とくに大衆を動員した政治闘争の文化大革命(1966〜69年)で、中国とソ連のイデオロギー対立ははっきりとした。中国では「自力更生」が強調され、南京長江大橋はこうした時代状況のなかで建設された。

長江 长江 cháng jiāng チャンジィアン ［★★☆］

長江はチベット高原から重慶、武漢、南京をへて上海近くで海にそそぐ中国最大の河（全長 6300 km）。南京での川幅は

1500mになり、長江の水利を利用して船が上流と下流のあいだを往来する。3〜6世紀の六朝時代、長江は石頭城のすぐそばを流れていたと言われ、その後、堆積が進んで市街中心部から離れていった。なお南京は、黄河や長江のほとりに開かれた唯一の中国王朝の首都だと言われる。

下関 下关 xià guān シィアグゥアン [★☆☆]
長江を通じて上海や武漢へ続く南京港がおかれた下関。1842年、アヘン戦争に敗れた清朝は、近代化の必要もあって、1898年に南京の開港を決めた。明代、龍江関と呼ばれてい

CHINA
江蘇省

た南京旧城外の下関の地に、各国の領事館や商館がならぶようになった（一足先に開港した上海では、石づくりの洋館、電気やガス灯などの近代化が進んでいた）。李鴻章が1872年に、張之洞が1895年に着任するなど、南京は両江総督の治所だったこともあって、下関は1860年代以降、洋務運動の中心地となっていた。近代式の学校、病院、金陵製造局（軍事工場）、下関と南京市街を結ぶ馬車道が整備されるなど、上海や天津とともにいち早く近代化が進んだ。下関という名前は長江上流の上関（大勝関）に対するもの。

▲左　長江を往来する船、南京港近くの様子。　▲右　儀鳳門、この城外には明の鄭和が拠点とした港もあった

大馬路 大马路 dà mǎ lù ダアマアルウ ［★☆☆］

1898年の南京開港以降、西欧の領事館や商館、銀行が下関大馬路界隈にならぶようになった。当時、建てられた石づくりの西欧建築は現在も見られる（とくにイギリスは上海、鎮江、九江、漢口に租界をおいて、長江流域の半植民地化を目指した）。

江蘇省

南京西駅 南京西站
nán jīng xī zhàn ナンジンシイチャアン [★☆☆]

1908 年に開館した南京駅(下関駅)を前身とする南京西駅。

南京港と連結し、長江対岸の浦口駅とは船で結ばれていた。

1912 年 1 月 1 日、孫文は上海からこの南京西駅に到着し、

中華民国臨時大総統に就任した。

南京港 南京港 nán jīng gǎng ナンジンガァン ［★☆☆］
長江の水利、港の深度、豊富な人口を抱える後背地といった有利な条件をもつ中国最大河港の南京港。北上してきた長江が大きく流れを東に変える地点に位置し、長江河口部まで407km、大型船舶が上海、武漢とのあいだを往来する。明清時代、上関（大勝関）と下関（龍江関）のふたつの港があり、近代以降、急速に発展した下関に南京港がおかれることになった。現在、この南京港から10km下流にある南京経済技術開発区に新たな新生圩港が開港している。

江蘇省

江南水師学堂遺址 江南水师学堂遗址
jiāng nán shuǐ shī xué táng yí zhǐ
ジィアンナァンシュイシイシュゥエタァンイイチイ[★☆☆]

江南水師学堂は、1890年、曽国藩の弟曽国荃によって開かれた海軍学校。国を強くする目的で、近代式の軍事教育、英語や西欧の学問などが教えられた(南京には1896年、張之洞によって開かれた江南陸師学堂もあった)。国策で運営された江南水師学堂では、書籍や食費代は清朝が負担し、小遣いも支給されたという。

南京長江と往来する人々

CHINA
江蘇省

明清時代に活躍した朱元璋や鄭成功
アヘン戦争以後の近代化
滔々と流れる長江のほとりで

獅子山の決戦と明建国

元末、各地で反乱が起こるなか、安徽省鳳陽から長江を渡り、1356年、江南の要衝だった南京（集慶）を攻略した朱元璋。この朱元璋とならぶ勢力だったのが、蘇州（東）の張士誠、九江（西）の陳友諒で、陳友諒は南京をのぞむ太平（安徽省当塗）を落とし、1360年、朱元璋攻略の船団を南京に向けた。こうしたなか朱元璋は獅子山に陣を構え、徐達を南門外に、楊璟を大勝港に、張徳勝、朱虎を龍江関外に配置して自軍の数倍の兵力をもつ陳友諒を迎えた。結果、朱元璋軍は1～2万人の兵と獅子山にしのばせた3万人の伏兵によって、

Zijinshan 南京長江と往来する人々

10万という陳友諒軍を撃破した(降雨によって長江の水かさが増え、強風がふいたことも朱元璋に有利に働いた)。また1367年、蘇州の張士誠を破った朱元璋はその翌年、南京で明を建国している。

江蘇省

鄭成功と復明

鄭成功は福建人の父と日本人の母のあいだに生まれ、父は船団をひきいた海上貿易で財をなしていた。21歳の鄭成功（1624〜62年）が南京の太学に入った1644年、北京の明朝は滅び、やがて清朝が樹立された。こうしたなか南京の福王、福州の唐王、肇慶の永明王たちが「反清復明」をかかげて清に対抗した（これらを南明と呼ぶ）。鄭成功は父が清にくだったあとも、明の復興をかかげて清と戦い、1659年、290隻80万人の軍勢で明開国の地である南京の攻略を目指した。水軍に勝る鄭成功軍は清軍を蹴散らしながら南京にいたり、

▲左　毎日多くの人が中山陵を訪れる。　▲右　階段に配置された石獅子、獅子山にて

儀鳳門から上陸して獅子山に駐屯した。結果、鄭成功軍はこの戦いに敗れて1661年、台湾に根拠地を築くことになるが、その忠臣ぶりは江戸時代の日本でも知られ、『国性爺合戦』が人気を博した（明の朱姓を受けて国姓爺と呼ばれた）。なおこの鄭成功とともに南京攻略戦に挑んだ朱舜水は、1659年、日本へ亡命し、水戸光圀に中国の汁そば（ラーメン）をふるまったと伝えられる。

CHINA
江蘇省

アヘン戦争と南京

中国茶の輸入で出た赤字を、植民地インドのアヘンを輸出することで相殺しようとしたイギリス。1840年に勃発したアヘン戦争では、イギリス艦隊は広州から上海、そして長江をさかのぼって南京にせまった(南京東の鎮江を通る京杭大運河を制し、両江総督のいる南京を目指す戦略だった)。1842年、下関港に停泊する軍艦コーンウォリス号で南京条約が結ばれ、香港島の割譲、上海などの開港が決まった。やがて南京も開港され、中国でもっとも人口の密集する長江流域の上海と漢口、重慶を結ぶ要衝(河港)となった。

Zijinshan

南京長江と往来する人々

南京と魯迅

近代中国の文学者魯迅（1881〜1936年）は、浙江省紹興に育ち、1888年、16歳のとき南京の江南水師学堂に入学している。南京時代の魯迅は、しばしば満州の八旗軍が駐屯していた明故宮を訪れるなどしていたという。江南水師学堂をすぐに退学した魯迅は、同じく南京の江南陸師学堂付属の鉱務鉄路学堂に入学し、やがて1902年、両江総督から日本留学に派遣された。この日本留学をへて魯迅は文学を志すことを決め、1909年、中国に帰国して『狂人日記』『阿Q正伝』といった作品を発表した。

参考文献

___

『中国の歴史散歩 3』（山口修・鈴木啓造 / 山川出版社）

『辛亥革命の研究』（小野川秀美・島田虔次 / 筑摩書房）

『革命家孫文』（藤村久雄 / 中央公論社）

『蒋介石秘録』（サンケイ新聞社 / サンケイ出版）

『朱元璋』（谷口規矩雄 / 人物往来社）

『初期朱元璋集団の性格』（野口鐵郎 / 横浜国立大学人文紀要）

『全調査東アジア近代の都市と建築』（藤森照信・汪坦 / 筑摩書房）

『近代・中国の都市と建築』（田中重光 / 相模書房）

『王安石』（小林義廣 / 山川出版社）

『天に翔ける橋』（南京長江大橋労働者創作組 / 東方書店）

『世界遺産めぐり (33) 江蘇省・南京 明・清時代の皇帝陵』（劉世昭 / 人民中国）

『世界大百科事典』（平凡社）

[PDF] 南京地下鉄路線図 http://machigotopub.com/pdf/nanjingmetro.pdf

まちごとパブリッシングの旅行ガイド
Machigoto INDIA , Machigoto ASIA , Machigoto CHINA

【北インド - まちごとインド】

001 はじめての北インド
002 はじめてのデリー
003 オールド・デリー
004 ニュー・デリー
005 南デリー
012 アーグラ
013 ファテープル・シークリー
014 バラナシ
015 サールナート
022 カージュラホ
032 アムリトサル

【西インド - まちごとインド】

001 はじめてのラジャスタン
002 ジャイプル
003 ジョードプル
004 ジャイサルメール
005 ウダイプル
006 アジメール（プシュカル）
007 ビカネール
008 シェカワティ
011 はじめてのマハラシュトラ
012 ムンバイ
013 プネー
014 アウランガバード
015 エローラ
016 アジャンタ
021 はじめてのグジャラート
022 アーメダバード
023 ヴァドダラー（チャンパネール）
024 ブジ（カッチ地方）

【東インド - まちごとインド】

002 コルカタ
012 ブッダガヤ

【南インド - まちごとインド】

001 はじめてのタミルナードゥ
002 チェンナイ
003 カーンチプラム
004 マハーバリプラム
005 タンジャヴール
006 クンバコナムとカーヴェリー・デルタ
007 ティルチラパッリ
008 マドゥライ
009 ラーメシュワラム
010 カニャークマリ
021 はじめてのケーララ
022 ティルヴァナンタプラム
023 バックウォーター（コッラム～アラップーザ）
024 コーチ（コーチン）
025 トリシュール

【ネパール - まちごとアジア】

001 はじめてのカトマンズ
002 カトマンズ
003 スワヤンブナート

004 パタン
005 バクタプル
006 ポカラ
007 ルンビニ
008 チトワン国立公園

【バングラデシュ - まちごとアジア】

001 はじめてのバングラデシュ
002 ダッカ
003 バゲルハット（クルナ）
004 シュンドルボン
005 プティア
006 モハスタン（ボグラ）
007 パハルプール

【パキスタン - まちごとアジア】

002 フンザ
003 ギルギット（KKH）
004 ラホール
005 ハラッパ
006 ムルタン

【イラン - まちごとアジア】

001 はじめてのイラン
002 テヘラン
003 イスファハン
004 シーラーズ
005 ペルセポリス
006 パサルガダエ（ナグシェ・ロスタム）
007 ヤズド
008 チョガ・ザンビル（アフヴァーズ）
009 タブリーズ

010 アルダビール

【北京 - まちごとチャイナ】

001 はじめての北京
002 故宮（天安門広場）
003 胡同と旧皇城
004 天壇と旧崇文区
005 瑠璃廠と旧宣武区
006 王府井と市街東部
007 北京動物園と市街西部
008 頤和園と西山
009 盧溝橋と周口店
010 万里の長城と明十三陵

【天津 - まちごとチャイナ】

001 はじめての天津
002 天津市街
003 浜海新区と市街南部
004 薊県と清東陵

【上海 - まちごとチャイナ】

001 はじめての上海
002 浦東新区
003 外灘と南京東路
004 淮海路と市街西部
005 虹口と市街北部
006 上海郊外（龍華・七宝・松江・嘉定）
007 水郷地帯（朱家角・周荘・同里・甪直）

【河北省 - まちごとチャイナ】

001 はじめての河北省
002 石家荘
003 秦皇島
004 承徳
005 張家口
006 保定
007 邯鄲

【山東省 - まちごとチャイナ】

001 はじめての山東省
002 青島
003 煙台
004 臨淄
005 済南
006 泰山
007 曲阜

【江蘇省 - まちごとチャイナ】

001 はじめての江蘇省
002 はじめての蘇州
003 蘇州旧城
004 蘇州郊外と開発区
005 無錫
006 揚州
007 鎮江
008 はじめての南京
009 南京旧城
010 南京紫金山と下関
011 雨花台と南京郊外・開発区
012 徐州

【浙江省 - まちごとチャイナ】

001 はじめての浙江省
002 はじめての杭州
003 西湖と山林杭州
004 杭州旧城と開発区
005 紹興
006 はじめての寧波
007 寧波旧城
008 寧波郊外と開発区
009 普陀山
010 天台山
011 温州

【福建省 - まちごとチャイナ】

001 はじめての福建省
002 はじめての福州
003 福州旧城
004 福州郊外と開発区
005 武夷山
006 泉州
007 厦門
008 客家土楼

【広東省 - まちごとチャイナ】

001 はじめての広東省
002 はじめての広州
003 広州古城
004 天河と広州郊外
005 深圳(深セン)
006 東莞
007 開平(江門)
008 韶関
009 はじめての潮汕

010 潮州
011 汕頭

【遼寧省 - まちごとチャイナ】

001 はじめての遼寧省
002 はじめての大連
003 大連市街
004 旅順
005 金州新区
006 はじめての瀋陽
007 瀋陽故宮と旧市街
008 瀋陽駅と市街地
009 北陵と瀋陽郊外
010 撫順

【重慶 - まちごとチャイナ】

001 はじめての重慶
002 重慶市街
003 三峡下り（重慶〜宜昌）
004 大足

【香港 - まちごとチャイナ】

001 はじめての香港
002 中環と香港島北岸
003 上環と香港島南岸
004 尖沙咀と九龍市街
005 九龍城と九龍郊外
006 新界
007 ランタオ島と島嶼部

【マカオ - まちごとチャイナ】

001 はじめてのマカオ
002 セナド広場とマカオ中心部
003 媽閣廟とマカオ半島南部
004 東望洋山とマカオ半島北部
005 新口岸とタイパ・コロアン

【Juo-Mujin（電子書籍のみ）】

Juo-Mujin 香港縦横無尽
Juo-Mujin 北京縦横無尽
Juo-Mujin 上海縦横無尽
見せよう！デリーでヒンディー語
見せよう！タージマハルでヒンディー語
見せよう！砂漠のラジャスタンでヒンディー語

【自力旅游中国 Tabisuru CHINA】

001 バスに揺られて「自力で長城」
002 バスに揺られて「自力で石家荘」
003 バスに揺られて「自力で承徳」
004 船に揺られて「自力で普陀山」
005 バスに揺られて「自力で天台山」
006 バスに揺られて「自力で秦皇島」
007 バスに揺られて「自力で張家口」
008 バスに揺られて「自力で邯鄲」
009 バスに揺られて「自力で保定」
010 バスに揺られて「自力で清東陵」
011 バスに揺られて「自力で潮州」
012 バスに揺られて「自力で汕頭」
013 バスに揺られて「自力で温州」

【車輪はつばさ】
南インドのアイラヴァテシュワラ寺院には建築本体に車輪がついていて寺院に乗った神さまが人びとの想いを運ぶと言います。

- 本書はオンデマンド印刷で作成されています。
- 本書の内容に関するご意見、お問い合わせは、発行元の
まちごとパブリッシング info@machigotopub.com までお願いします。

まちごとチャイナ
江蘇省010南京紫金山と下関
～「国父」眠る旧都で[モノクロノートブック版]

2017年11月14日　発行

著　者	「アジア城市（まち）案内」制作委員会
発行者	赤松　耕次
発行所	まちごとパブリッシング株式会社
	〒181-0013　東京都三鷹市下連雀4-4-36
	URL http://www.machigotopub.com/
発売元	株式会社デジタルパブリッシングサービス
	〒162-0812　東京都新宿区西五軒町11-13
	清水ビル3F
印刷・製本	株式会社デジタルパブリッシングサービス
	URL http://www.d-pub.co.jp/

MP132

ISBN978-4-86143-266-8 C0326　　　　Printed in Japan
本書の無断複製複写（コピー）は、著作権法上での例外を除き、禁じられています。